Biología
hasta en la sopa

Cecilia Di Prinzio y Valeria Edelsztein
Ilustraciones de Pablo Picyk

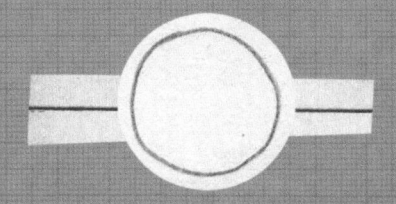

¿Qué es ediciones iamiqué?

ediciones iamiqué es una pequeña empresa argentina manejada por una física y una bióloga empecinadas en demostrar que la ciencia no muerde y que puede ser disfrutada por todo el mundo. Fue fundada en 2000 en un desván de la Ciudad de Buenos Aires, junto a la caja de herramientas y al ropero de la abuela.

ediciones iamiqué no tiene gerentes ni telefonistas, no cuenta con departamento de marketing ni cotiza en bolsa. Sin embargo, tiene algo que debería valer mucho más que todo eso: unas ganas locas de hacer los libros de información más innovadores, más interesantes y más creativos del mundo.

Textos: Cecilia Di Prinzio y Valeria Edelsztein
Corrección: Patricio Fontana
Ilustraciones: Pablo Picyk
Edición: Carla Baredes e Ileana Lotersztain
Diseño integral: Javier Basile

Primera edición: enero de 2022
Tirada: 3000 ejemplares
ISBN: 978-987-4444-51-6
Queda hecho el depósito que establece la ley 11.723
Impreso en Argentina. Printed in Argentina
✉ info@iamique.com.ar
🔊 www.iamique.com.ar

Di Prinzio, Cecilia
Biología hasta en la sopa / Cecilia Di Prinzio ; Valeria Edelsztein ; ilustrado por Pablo Picyk.- 1a ed ilustrada.- Ciudad Autónoma de Buenos Aires : Iamiqué, 2022. 48 p. : il. ; 21 x 21 cm. · (Sopa de ciencias)

ISBN 978-987-4444-51-6

1. Ciencia para Niños. 2. Ciencias Naturales. I. Edelsztein, Valeria. II. Picyk, Pablo, ilus. III. Título. CDD 570.71

¡Hola!

Me llamo Valeria y soy doctora en Química.
Voy a contarte algo que sucedió hace unos días.

Desde muy pequeños, mi hija Sofía y mi hijo
Tomás me hacen preguntas que me encanta
responderles. Últimamente, la mayoría de sus
preguntas giran en torno a los seres vivos y
entonces pensé que visitar a mi amiga Ceci,
que es licenciada en Biotecnología y doctora en
Ciencias Biológicas, era la mejor propuesta que
podía hacerles para saciar su curiosidad.

Un sábado, muy temprano, salimos hacia su casa
en el campo y esto fue lo que sucedió ese día...

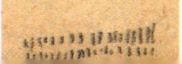

11:00

Abrimos la tranquera y nos maravillamos con la hilera de árboles que flanquea el camino hacia la casa. Ahí nomás Sofi preguntó:

¿De qué están hechos los árboles?

Los árboles, al igual que todos, pero todos los seres vivos, desde los más diminutos hasta los más enormes, están formados por **células**. La célula es lo más pequeño y simple que puede considerarse vivo. Algunos organismos, como las bacterias que te causaron dolor de garganta hace unos meses, están formados por una única célula y decimos que son **unicelulares**. Otros, como los árboles y los animales –y entre ellos los seres humanos–, están formados por muchas células: los llamamos **pluricelulares**.

Hay células para todos los gustos: alargadas, como las de los músculos; redondas y achatadas en el centro, como algunas de la sangre; con forma de estrella, como las neuronas. La mayoría no tiene color, pero algunas sí, como los glóbulos rojos, que como habrás adivinado... ¡son rojos!

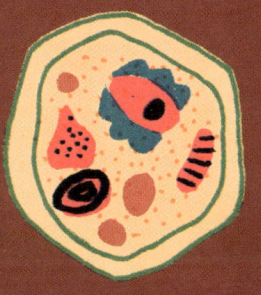

¿Todas son pequeñas?
La mayoría de las células son tan pequeñas que necesitas un microscopio para poder verlas. Sin embargo, algunas son excepcionalmente grandes como, por ejemplo, los huevos de gallina que comes en el almuerzo.

Las células son como pequeñas "bolsitas" que contienen un 70-80% de agua ¡y muchísimos componentes más! Están delimitadas por una membrana que, además de aislarlas de lo que las rodea, permite que entren y salgan algunas sustancias.

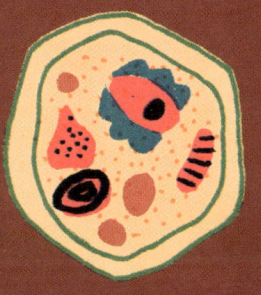

11:15

Ceci nos estaba esperando junto al viejo aljibe. Se emocionó al ver que Sofi y Tomi estaban tan grandes.

¿Cómo crecemos?

Crecer es parte del ciclo de vida. Las bacterias y otros seres vivos **unicelulares** crecen porque aumenta el tamaño de su única célula. Las personas y los demás seres **pluricelulares** crecemos por aumento del tamaño de nuestras células y, fundamentalmente, por aumento de la cantidad de células.

Las células crecen incorporando y fabricando nuevos materiales. ¿Y cómo aumenta su cantidad? Simple: cada célula se divide en dos y genera dos células nuevas. Luego de un tiempo de crecer, cada una de estas dos células vuelve a dividirse en otras dos y así sucesivamente....

Tanto para crecer como para dividirse, las células necesitan materiales y energía. ¿Y cómo los consiguen? En el caso de los animales, ¡a partir de los nutrientes que están en los alimentos que comemos! Sí: los nutrientes son fundamentales para formar las células de la piel o de los huesos, entre muchas otras cosas. Y para poder obtener la energía que tienen los alimentos, también se necesita el oxígeno del aire que respiras.

Según algunos cálculos, una persona joven de unos 70 kg y 170 cm de estatura tiene, aproximadamente, 30 millones de millones de células.

¡Hora de dividirse!

Muchas células se dividen cada 10 o 20 horas, aunque este tiempo depende de cada tipo de célula. Sin embargo, ninguna lo hace eternamente: luego de unos 50 ciclos de división, la célula deja de dividirse y muere.

11:30

Nos sentamos a la sombra de un algarrobo. Su imponente altura inspiró una pregunta para Ceci:

¿Se puede crecer para siempre?

"La respuesta es ¡depende! No todos los seres vivos crecen durante toda la vida y no todas "las partes" de un ser vivo crecen por igual. Las personas, por ejemplo, apenas nacemos crecemos muchísimo. Después, el ritmo de crecimiento disminuye, hasta llegar a la pubertad, cuando volvemos a crecer mucho otra vez. ¡Pero solo hasta cierta edad! Alrededor de los 20 años alcanzamos nuestra altura definitiva. Eso sí: podemos seguir aumentando nuestro peso.

En cambio, otros seres vivos como los hongos, las plantas, los reptiles y algunos peces crecen durante toda su vida. En algunos casos, es el organismo completo el que crece sin límite; en otros, solo algunas partes. Los árboles, por ejemplo, pueden crecer indefinidamente en altura, mientras que sus hojas crecen hasta un tamaño determinado.

¡¿Cuánto?!

El ser vivo más grande del mundo vive en el Bosque Nacional de Malheur, en Oregon (Estados Unidos). Se llama *Armillaria ostoyae* y es... ¡un hongo! Cubre una superficie equivalente a unos 1665 campos de fútbol y se estima que tiene unos 2400 años.

El cabello no crece indefinidamente, sino que lo hace por ciclos, aunque, en algunas personas, esos ciclos pueden durar ¡hasta doce años! Probablemente este haya sido el caso de Nilanshi Patel, una adolescente india apodada "Rapunzel" que fue merecedora del Récord Guinness con casi 2 metros de cabello.

12:00

Ceci bromeó con que Sofi y Tomi estaban más altos, pero ella más canosa. Ahí había una nueva pregunta:

¿Por qué envejecemos?

12

> Todos los seres vivos envejecemos con el paso del tiempo. Claro que ese tiempo no es el mismo si se trata de una persona, una planta de lechuga, un gato, un insecto o una bacteria. Una mosca de la fruta, por ejemplo, será "vieja" luego de haber vivido alrededor de diez días; los claveles lo serán al cabo de un año.

Aunque todavía hay mucho por investigar acerca del **envejecimiento**, se sabe que a lo largo de la vida los organismos van acumulando daños en sus células, tanto por el propio funcionamiento como por ciertos factores ambientales como la radiación. A medida que las células mueren, algunas van siendo reemplazadas, pero este proceso es imperfecto y, a la larga, los distintos órganos o partes de un ser vivo van perdiendo capacidades.

Algunos signos de envejecimiento son comunes a muchos organismos, como la disminución de la capacidad de reproducirse, de moverse o de responder a estímulos. Otras señales son particulares de cada uno: las plantas se ponen amarillentas, a los grandes herbívoros –como los caballos y las vacas– se les desgastan los dientes, y a muchos mamíferos, incluidas las personas, se les cae el pelo o se les pone blanco, y se les arruga la piel.

Las canas aparecen cuando las células encargadas de "fabricar" melanina, el pigmento que le da color al cabello, comienzan a producir menos o dejan de producirla del todo.

Volver a empezar

Las medusas de la especie *Turritopsis dhornii* pueden volver a su estado de larva. Durante este proceso, sus células se regeneran por completo y la medusa reemerge completamente rejuvenecida y lista para vivir otra vida.

12:15

Hablar de envejecer nos hizo dar cuenta de que faltaba Tango, el perro de Ceci.

¿Por qué nos morimos?

14

73

En el caso de una bacteria, en la que el organismo es una única célula, la muerte de esa célula ocasionará la muerte de la bacteria. En el caso de un organismo pluricelular, como una mosca, un pez, un perro o una persona, la situación es bastante más compleja porque no es necesario que mueran todas sus células para que lo haga el organismo: basta con que mueran algunas, pero no cualquiera. En el caso de los seres humanos, no es lo mismo que se trate de las células de un riñón, de la piel, de una mano o del cerebro. Algunos órganos o partes del cuerpo son fundamentales para seguir viviendo; otros, no. Incluso puede suceder que, aun con muchas de sus células muertas, un órgano siga funcionando.

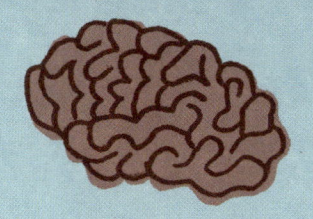

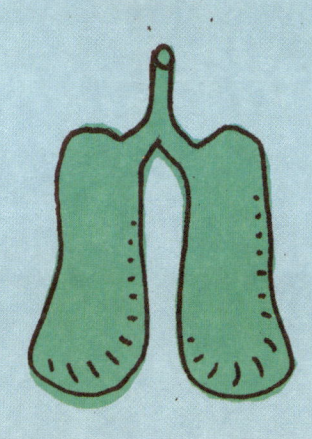

Desde el punto de vista médico, aunque parezca una obviedad, una persona está muerta cuando deja de estar viva. ¿Y cuándo se considera que deja de estar viva? Cuando dejan de funcionar, en forma irreversible, los pulmones, el corazón o el cerebro. Esto puede ocurrir por el propio envejecimiento o, por ejemplo, por algún accidente.

¿Cuánto tiempo viven?

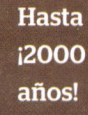

De 2 a 4 semanas

Cerca de un año

Alrededor de 16 años

Alrededor de 70 años

Hasta ¡2000 años!

13:00

Tomi quiso alimentar a las gallinas. El comportamiento de las aves le disparó una buena pregunta:

¿Todos los animales tienen cerebro?

" Para los seres humanos, como para muchos otros animales, el cerebro es fundamental porque, junto con el resto del sistema nervioso, se ocupa de controlar los movimientos, la respiración, el comportamiento, las sensaciones y más. Allí tenemos miles de millones de células especializadas, las **neuronas**, conectadas entre sí, que envían y reciben información.

Muchas especies no tienen cerebro, pero tienen grupos de células nerviosas especializadas que cumplen una función similar a la de un cerebro y les permiten reconocer estímulos, alimentarse, defenderse o reproducirse. Las estrellas de mar, por ejemplo, tienen un anillo central del que salen nervios que envían información desde y hacia cada brazo. Y hay animales que ni siquiera tienen este tipo de células, como es el caso de las esponjas marinas, uno de los habitantes más antiguos de la Tierra.

No es cuestión de tamaño

En general, el tamaño del cerebro guarda relación con el tamaño del animal: los elefantes tienen cerebros muy grandes; las gallinas, pequeños; los seres humanos tenemos cerebros medianos. Las capacidades y habilidades de cada especie no dependen de ese tamaño sino, fundamentalmente, de la manera en que están dispuestas las neuronas y de cómo se conectan entre sí.

Los pulpos pueden aprender a escapar de laberintos sencillos e incluso ¡abrir frascos a rosca para obtener la comida que hay adentro!

13:30

La cuestión del cerebro nos alentó a seguir indagando en otros órganos...

¿Se puede vivir sin corazón?

El corazón es el órgano encargado de hacer que la sangre circule por todo tu cuerpo a través de estructuras tubulares de distintos tamaños: las venas, las arterias y los capilares. Esto es fundamental porque la sangre transporta los **nutrientes** y el **oxígeno** a todas las células para que puedan cumplir con sus funciones. La sangre también recolecta los desechos que producen las células y que luego eliminas. Sin corazón, la sangre no llegaría al cerebro ni a los pulmones ni a los riñones ni a los demás órganos... ¡no podrías vivir!

Casi todos los animales tienen corazón. A veces es muy grande, como el de las ballenas, a veces muy pequeño, como el de los ratones. A veces es muy simple, como el de los peces, y a veces complejísimo, como el de los seres humanos. Aunque hay excepciones: las arañas de mar, por ejemplo, no tienen corazón e impulsan un líquido parecido a la sangre gracias al movimiento de su aparato digestivo.

En 2014, apareció en la costa de Terranova (Canadá) el cadáver de una ballena azul. Su corazón pesaba 199,5 kilogramos y media alrededor de 1,5 metros. Se lo puede apreciar en toda su magnitud en el Museo Real de Ontario.

¿Uno para todos?

Así como hay animales que no tienen corazón, ¡hay algunos que tienen más de uno!

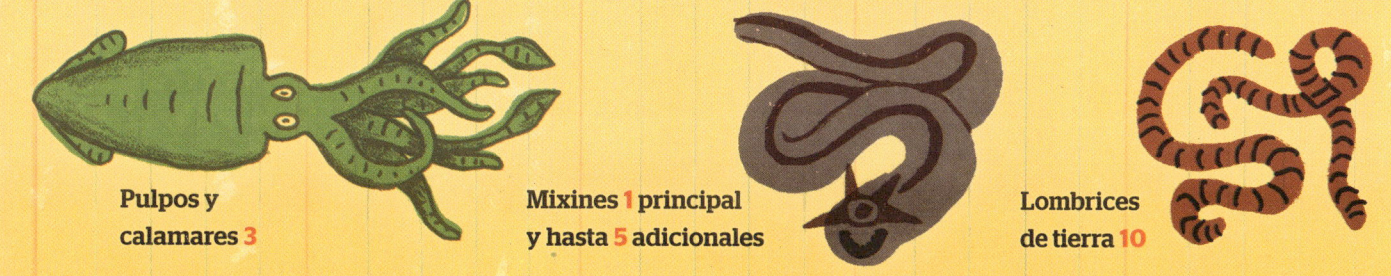

Pulpos y calamares **3**

Mixines **1** principal y hasta **5** adicionales

Lombrices de tierra **10**

14:00

Nos rugían las tripas. Enseguida nos organizamos para preparar la comida.

¿Por qué tenemos hambre?

> El cerebro recibe en forma permanente y a través de la **sangre** señales provenientes de diferentes regiones del cuerpo que le indican "cómo andan las cosas". Si tu estómago está vacío o baja la cantidad de ciertos nutrientes en la sangre o disminuye la energía almacenada, las señales que recibirá el cerebro le indicarán que es hora de buscar alimentos. La manera de movilizarte a hacerlo es esa reconocible sensación de hambre.

Una vez que empiezas a comer, esas señales van disminuyendo y otras, opuestas a las anteriores, comienzan a llegar desde el estómago y el intestino delgado. El resultado es que vas dejando de tener hambre y empiezas a sentir saciedad. Pero, atención: las señales de saciedad demoran en llegar al cerebro. Por eso es importante comer despacio, así le das tiempo a tu cerebro de determinar cuándo ha sido suficiente.

¡Hay que compartir!

Los murciélagos que se alimentan de sangre corren el riesgo de morir de hambre si no consiguen una presa durante dos o tres noches seguidas. Si alguno llega al refugio sin haber encontrado alimento, algo que rara vez ocurre, los otros murciélagos le "donan" algo de sangre regurgitándola en su boca.

14:30

Preparamos una sopa que tenía una enormidad de ingredientes. ¡Estaba exquisita!

¿Podemos tomar sopa de botones?

> Las personas somos **omnívoras**, es decir que podemos alimentarnos con carnes, huevos, frutas, semillas y más. Podemos comer "de todo" porque tenemos unos componentes llamados **enzimas** que nos permiten procesar estos alimentos y convertir algunos de sus nutrientes en energía. Esa energía se puede almacenar o usar, por ejemplo, para caminar, pensar, crecer e, incluso, hacer la digestión de los alimentos. Los botones, como tantos otros objetos cotidianos, suelen fabricarse con plástico. Este material no forma parte de la dieta de casi ningún ser vivo, justamente porque ninguno tiene enzimas capaces de procesarlo y obtener nutrientes a partir de él. Y esa es una de las razones por las que los objetos plásticos que volcamos al mar se acumulan y así generan inmensas islas de basura, como la Gran Mancha de Basura del océano Pacífico.

¡Qué voracidad!

Gracias a unos microorganismos que viven en su tubo digestivo, las termitas son insectos capaces de alimentarse de la madera. ¡Una pesadilla para quienes tienen muebles de ese material!

Geobacter metallireducens es una bacteria increíble: puede alimentarse de los desechos de los derrames de petróleo y también de metales como el uranio. Además, al hacerlo, ¡genera electricidad!

15:30

24

Luego del postre Ceci nos condujo, orgullosa, hacia el nuevo invernadero.

¿Cómo se alimentan las plantas?

" Las plantas, a diferencia de los animales, pueden fabricar su propio alimento mediante un proceso que se conoce como **fotosíntesis**. Para hacerlo necesitan agua, dióxido de carbono (un gas) y la energía del sol. El agua la absorben por las raíces, el dióxido de carbono lo toman del aire a través de unos poros especiales que tienen en las hojas y la energía del sol la captan gracias a la **clorofila**, un pigmento que se encuentra en las hojas y otras partes de la planta y le da a la mayoría su color verde brillante.

Mediante la fotosíntesis, las plantas producen azúcares, que aprovechan para crecer y desarrollarse, y liberan oxígeno al ambiente. Sin embargo, además de esos azúcares que fabrican por sí mismas, también necesitan sales minerales que, junto con el agua, absorben del suelo a través de sus raíces.

Si tragas una semilla, ¿puede crecer una planta en tu interior?
Para que una semilla germine se tienen que dar ciertas condiciones de temperatura, oxígeno y humedad. Si se cumplen, podría brotar una plántula, pero una vez que consuma las reservas de energía de la semilla, necesitará la luz del sol para hacer fotosíntesis. Como la luz no llega ni al estómago ni a los intestinos, aun si la semilla lograra germinar, no podría crecer.

16:00

Había muchas plantas hermosas, pero a Sofi le fascinaron unas que parecían especiales.

¿Las plantas carnívoras comen carne?

Aunque la mayoría de las plantas obtienen sus nutrientes del aire, el suelo y el agua, algunas son capaces de conseguir un aporte extra. Se las conoce como **plantas carnívoras porque pueden comer animales, fundamentalmente insectos, pero también gusanos, larvas de peces e, incluso, ranas. Gracias al alimento que ellos les aportan, pueden vivir sobre suelos muy ácidos, como los pantanos, donde no hay tantos nutrientes disponibles.

¿Y cómo logran capturar a sus ágiles presas sin moverse de su sitio? Hacen uso de ingeniosas "trampas".

La venus atrapamoscas, por ejemplo, secreta un néctar dulce. Cuando, atraído por su dulzor, un insecto se posa sobre una de sus hojas, roza unos sensores que hacen que la hoja se cierre automáticamente. Si el insecto intenta escapar, las espinas de los bordes le impiden hacerlo.

Luego, la planta secreta líquidos parecidos a los del sistema digestivo animal para asimilar su presa.

¡Qué atracón!
La planta carnívora *Nepenthes attenboroughii*, descubierta en el año 2007, es tan pero tan grande que puede alimentarse de ratas.

17:00

Cuando el sol ya se veía bajo en el horizonte, comenzamos a sentir frío.

¿Cómo hace tu cuerpo para mantener su temperatura?

" La **temperatura** de tu cuerpo se mantiene siempre alrededor de los 37°C, tanto si hace calor como si hace frío. Esto se debe a que tu organismo cuenta con distintos mecanismos para poder regularla. Hasta ciertos límites, por supuesto... Cuando hace mucho calor y tu temperatura comienza a subir, transpiras copiosamente y, al eliminar sudor por la piel, tu cuerpo se enfría. En cambio, si hace mucho frío y tu temperatura comienza a descender, es posible que empieces a tiritar. Esos temblores son movimientos rápidos de los músculos (contracciones y relajaciones) que liberan calor.

La regulación de la temperatura corporal es un ejemplo de **homeostasis**, que es la capacidad que tienen los seres vivos de mantener equilibradas sus condiciones internas. Si no fueses capaz de regular tu temperatura y esta aumentara por encima de 40°C, por ejemplo, algunos componentes muy importantes de tu cuerpo, como las enzimas, no podrían hacer su trabajo. Y si descendiera por debajo de 34°C, las reacciones químicas necesarias para que tu organismo funcione se volverían demasiado lentas o dejarían de ocurrir. ¡Toda una catástrofe!

Cuando calienta el sol...

Las iguanas, como todos los reptiles, no pueden regular su temperatura y dependen del ambiente para mantenerla dentro de ciertos valores. Si su temperatura baja demasiado, se echan al sol o sobre piedras calientes... Cuando sube mucho, buscan lugares frescos, a la sombra, donde poder enfriarse.

17:30

Decidimos salir a andar a caballo. En la caballeriza había un hermoso potrillo.

¿Dónde están las instrucciones para construir un ser vivo?

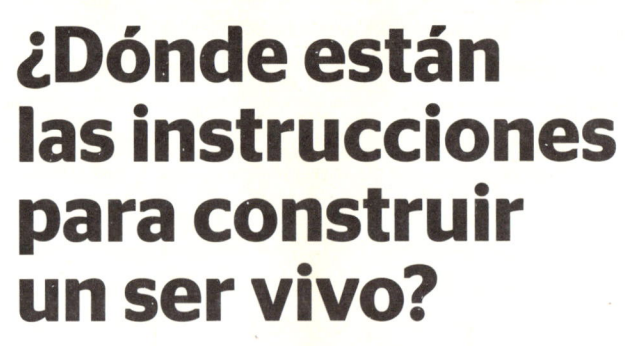

Todos los seres vivos tenemos dentro de nuestras células **Á**cido **D**esoxirribo**N**ucleico, más conocido como **ADN**, que es el que contiene las "instrucciones" que determinan, en gran medida, cómo somos. Cada especie tiene su ADN particular: el de una persona es distinto del de un caballo, un lenguado, una langosta o un algarrobo. Y a su vez, entre dos personas hay pequeñas diferencias en el ADN que hacen que sean distintas. Lo mismo ocurre con los caballos y con muchos otros tipos de seres vivos.

No todo el ADN tiene instrucciones. A los "trozos" de ADN que tienen información se los conoce como **genes**. Durante mucho tiempo se pensó que los seres vivos considerados más complejos, como los seres humanos, teníamos más genes que otros considerados "menos" complejos. Pero hoy se sabe que esto no es así: cada una de nuestras células tiene casi la misma cantidad de genes que las células de una gallina, unos 20 mil. Y una célula de una planta de arroz, ¡más de 40 mil!

Antes de que una célula se divida, se hace una copia del ADN y, así, las dos células *hijas* tienen la misma información que la *madre*. ¡Las instrucciones del ADN no se pierden jamás! Eso sí: las copias pueden no ser exactas. Esos "errores" se conocen como **mutaciones**.

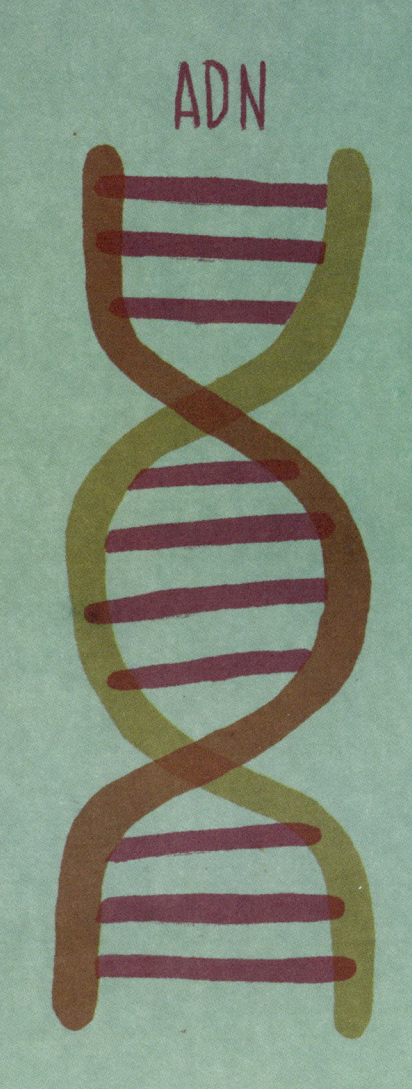

ADN

Los gemelos tienen el mismo ADN, pero no son idénticos porque una persona es más que la información que lleva en su ADN.

17:45

La frondosidad del paisaje nos invitaba a preguntar muchas cosas...

¿De dónde vienen los seres vivos?

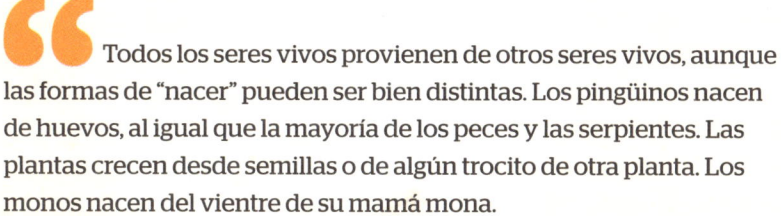
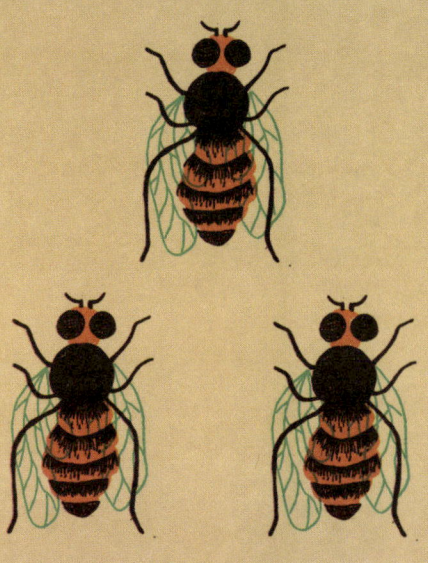

> Todos los seres vivos provienen de otros seres vivos, aunque las formas de "nacer" pueden ser bien distintas. Los pingüinos nacen de huevos, al igual que la mayoría de los peces y las serpientes. Las plantas crecen desde semillas o de algún trocito de otra planta. Los monos nacen del vientre de su mamá mona.

En muchos casos, como por ejemplo los seres humanos y la mayoría de los demás animales, se necesitan dos organismos con información genética y sexos diferentes (uno femenino y otro masculino) que aportarán, cada uno, la mitad de la **información genética** necesaria para generar un nuevo ser vivo. Los descendientes serán parecidos, pero no exactamente iguales a ninguno de sus progenitores.

En otros casos, basta con un único organismo para dar lugar a nuevos seres vivos. Por ejemplo, una bacteria que se divide dará lugar a dos bacterias. Si esas dos bacterias se dividen a su vez, tendremos cuatro, ocho, dieciséis... Y lo mismo ocurre con algunos hongos, como las levaduras que se usan para hacer pan. En todos estos casos, si la copia de la información no tiene errores, los nuevos organismos serán iguales a aquel que los originó.

¡Un calco de la mamá!

En ocasiones, algunos animales de sexo femenino pueden tener descendientes sin necesidad de un organismo del sexo masculino y, en esos casos, los hijos son idénticos a la madre. ¡Un montón de insectos pueden hacerlo! Los zánganos, por ejemplo, nacen de huevos (no fecundados) puestos por la abeja reina.

18:00

**Durante el paseo vimos
ovejas, liebres, teros, cuises...**

¿Cuántos tipos de seres vivos existen?

Todos los organismos que habitan nuestro planeta comparten algunas características que permiten considerarlos "seres vivos", pero tienen muchas diferencias entre sí: en tamaño, aspecto, lugar donde habitan, cómo se alimentan y ¡tantísimas otras cosas! A esta gran variedad de formas de vida la llamamos **biodiversidad** y es sumamente importante para los seres humanos porque nos proporciona alimentos, medicinas, materiales... La biodiversidad es también fundamental para mantener el equilibrio planetario, entre otras cosas porque preserva la calidad del agua y el aire.

Hasta ahora se han descrito casi 2 millones de especies diferentes y cada año se descubren en promedio entre 50 y 100, pero se estima que hay ¡10 millones o más! Es decir que todavía quedan muchísimas especies que aún no han sido descubiertas. Esto se debe a varias razones: por un lado, hay lugares a los que es muy difícil acceder, como el fondo de los océanos y las densas selvas tropicales, y, por otro, a que gran parte de las especies desconocidas son extremadamente pequeñas, ¡incluso microscópicas!

¡¿Cuántas?!

Las bacterias son los seres vivos más abundantes de nuestro planeta. Viven en todos los hábitats: en regiones con temperaturas extremas, en el fondo del mar e incluso ¡en nuestro cuerpo! Se estima que hay unas 5.000.000.000. 000.000.000.000.000.000. 000 (¡cinco quintillones!).

18:30

Como siempre, Tomi tenía una nueva pregunta...

¿Por qué algunos seres vivos no existen más?

"No solamente hay muchas especies que todavía no descubrimos: hay otras tantas que alguna vez habitaron nuestro planeta y ya no existen. Las conocemos por sus registros fósiles o por las descripciones que otras personas hicieron de ellas hace mucho tiempo.

En la historia de la Tierra hubo, al menos, cinco **extinciones** masivas que son las que se han documentado. La última, hace 65 millones de años, acabó con los grandes dinosaurios. Y aunque las extinciones son procesos biológicos naturales, desde que los seres humanos poblamos el mundo, el ritmo se aceleró 400 veces: cada año se extinguen entre 10 mil y 50 mil especies. La tala de los bosques, la introducción de especies exóticas y la contaminación de los suelos, los ríos y los mares han provocado la desaparición de los hábitats de muchos seres vivos. En lugar de cuidar y proteger la biodiversidad, vivimos de un modo que la está destruyendo.

En 1938 se capturó un celacanto vivo frente a las costas de Sudáfrica. Este pez se creía extinto hace 65 millones de años, así que ¡imagina el revuelo que causó!

Un triste ejemplo

El primer registro del pájaro dodo data de 1581, cuando algunos navegantes lo descubrieron en las Islas Mauricio, su único hábitat. Unos años después, cuando los europeos las colonizaron, introdujeron animales que se alimentaban de estos pájaros y que, además, podrían haberles transmitido enfermedades. El resultado fue que, en solo cien años, el pájaro dodo se extinguió.

18:45

Nos sentamos junto al estanque. Encantada con todo lo que veía en el agua, Sofi preguntó:

¿Los seres vivos de ahora son iguales a los de antes?

38

" Las formas de vida que hoy habitan nuestro planeta descienden de otras que, quizás, no eran exactamente iguales a como las vemos hoy. Por ejemplo, hace millones de años, las ballenas tenían patas. ¡Sí, patas! Esas "antiguas ballenas", además de nadar, podían moverse en tierra como lo hacen los leones marinos. En algún momento, y por casualidad, algunas sufrieron mutaciones en el ADN cuya consecuencia fue que nacieran con patas traseras más pequeñas. Esta diferencia la transmitieron a sus hijos, que también tuvieron las patas más pequeñas. Así, por distintas razones, los cambios se fueron conservando y acumulando de una generación a la siguiente en toda la población de ballenas. Y esto llevó a que, con el paso del tiempo, mucho tiempo, las patas traseras de las ballenas desaparecieran y las delanteras se convirtieran en potentes aletas.

Los peces, las aves, las plantas, los insectos, los reptiles, incluso los seres humanos, por mencionar algunas formas de vida que existen en la actualidad, somos el resultado de una serie de pequeños cambios que se fueron produciendo por azar y se acumularon en el ADN de nuestros antepasados, a lo largo de mucho, mucho tiempo. Estos cambios, los que se produjeron y también los que se producirán, se conocen como **evolución biológica**.

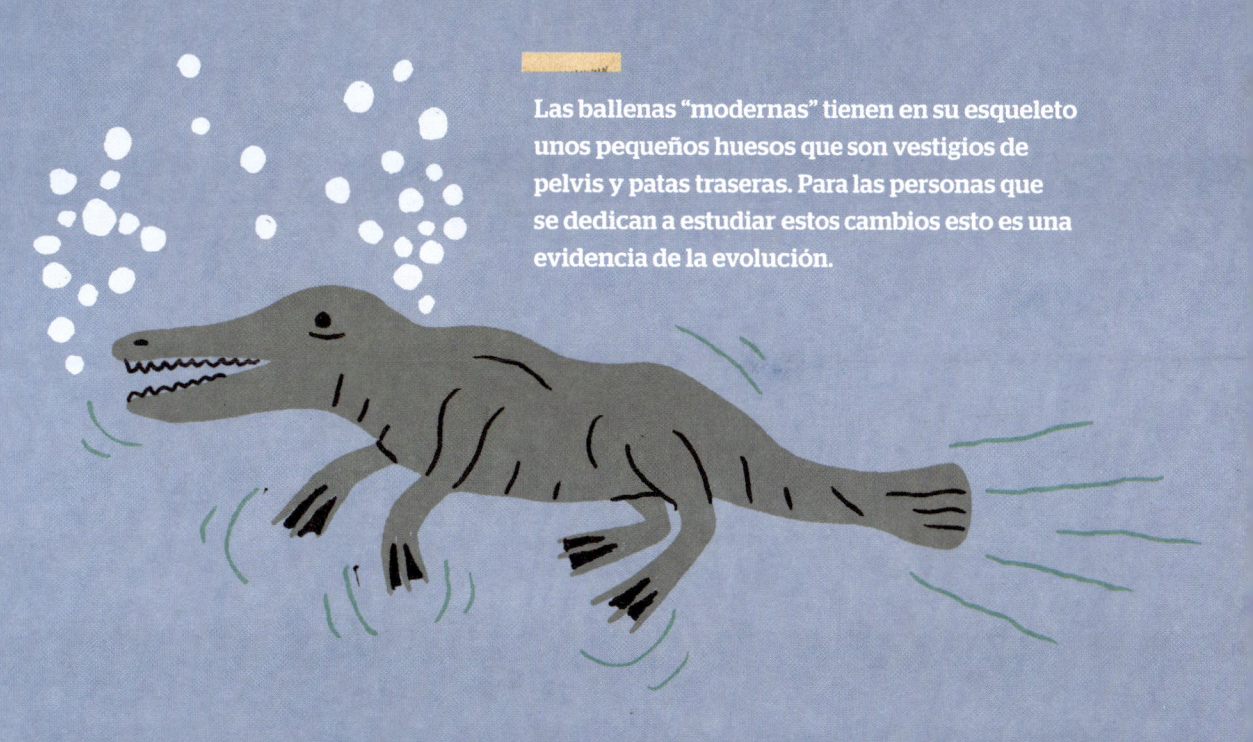

Las ballenas "modernas" tienen en su esqueleto unos pequeños huesos que son vestigios de pelvis y patas traseras. Para las personas que se dedican a estudiar estos cambios esto es una evidencia de la evolución.

19:00

Era hora de irnos. Y también era hora de hacer la gran pregunta de la Biología:

¿Qué determina que algo sea un ser vivo?

“ Puede parecer sencillo, pero decidir si algo está vivo es un asunto complejo. Para poder determinarlo, las biólogas y los biólogos buscan una serie de características y capacidades que tienen que estar presentes. Si falta alguna, aunque sea una, ese "algo" no se considera vivo. Y si bien hay diferentes criterios, uno de los más aceptados es el siguiente. En primer lugar, todos los seres vivos, desde los más pequeñitos hasta los más enormes, **están formados por células**. Además, todo ser vivo responde a **estímulos**, tanto internos como externos. Como cuando sientes frío y, en respuesta, comienzas a tiritar. Estas respuestas permiten realizar ajustes para mantener estables las condiciones internas, es decir, para mantener la **homeostasis**. Asimismo, si algo está vivo, **cumple un ciclo de vida**: tiene un origen (en algunos casos decimos que nace), luego crece, tiene la capacidad de reproducirse (dejar descendencia) y, finalmente, muere. También, para crecer y desarrollarse, **intercambia materiales y energía con su ambiente.** Por último, los seres vivos **evolucionan**. Muy probablemente no sean iguales a sus ancestros ni tampoco sus descendientes a largo plazo serán iguales a ellos.

El criterio puede fallar

La mula es el resultado de la cruza entre una yegua y un burro. Aunque nadie negaría que es un ser vivo, no cumple con todos los requisitos para considerarla como tal porque no puede dejar descendencia.

¿Los virus están vivos?

Los virus están en el límite entre lo vivo y lo inanimado porque no son células ni están formados por ellas, pero pueden multiplicarse dentro de las células de otros organismos.

19:30

Caminamos hacia el auto iluminándonos con linternas. Para darle emoción al trayecto, pregunté:

¿Los zombis están vivos o muertos?

" Los zombis de las películas, las series y los libros son "muertos vivientes", algo que de por sí suena bastante contradictorio.

Cuando nos morimos, ya no podemos generar energía para movernos ni nuevos materiales para mantener nuestro cuerpo funcionando o reparar nuestros órganos y tejidos. Por eso, estrictamente hablando, es imposible que un zombi pueda moverse, ver, oler, oír, hablar... ¡ni nada! Pero, entonces, ¿no puede existir ningún tipo de zombi? En realidad -y de manera bastante sorprendente- es posible que un organismo, aunque vivo, no tenga control sobre sí mismo. Es el caso de la oruga que es utilizada por la avispa *Glyptapanteles* para depositar en ella sus huevos. Las larvas de la avispa se alimentan de la oruga e, incluso cuando emergen, esta permanece cerca de ellas protegiéndolas. La oruga está viva, pero en lugar de ponerse a salvo, se comporta como una zombi al servicio de las avispas.

Los huesos también están formados por células y cuando esas células mueren, se vuelven más quebradizos. Sería imposible que un zombi baile, corra o salte... ¡sus huesos se harían trizas!

19:45

En cuanto dejamos atrás la añosa arboleda, nos maravillamos con el cielo estrellado. La pregunta se caía de madura:

¿Puede haber vida en otros planetas?

44

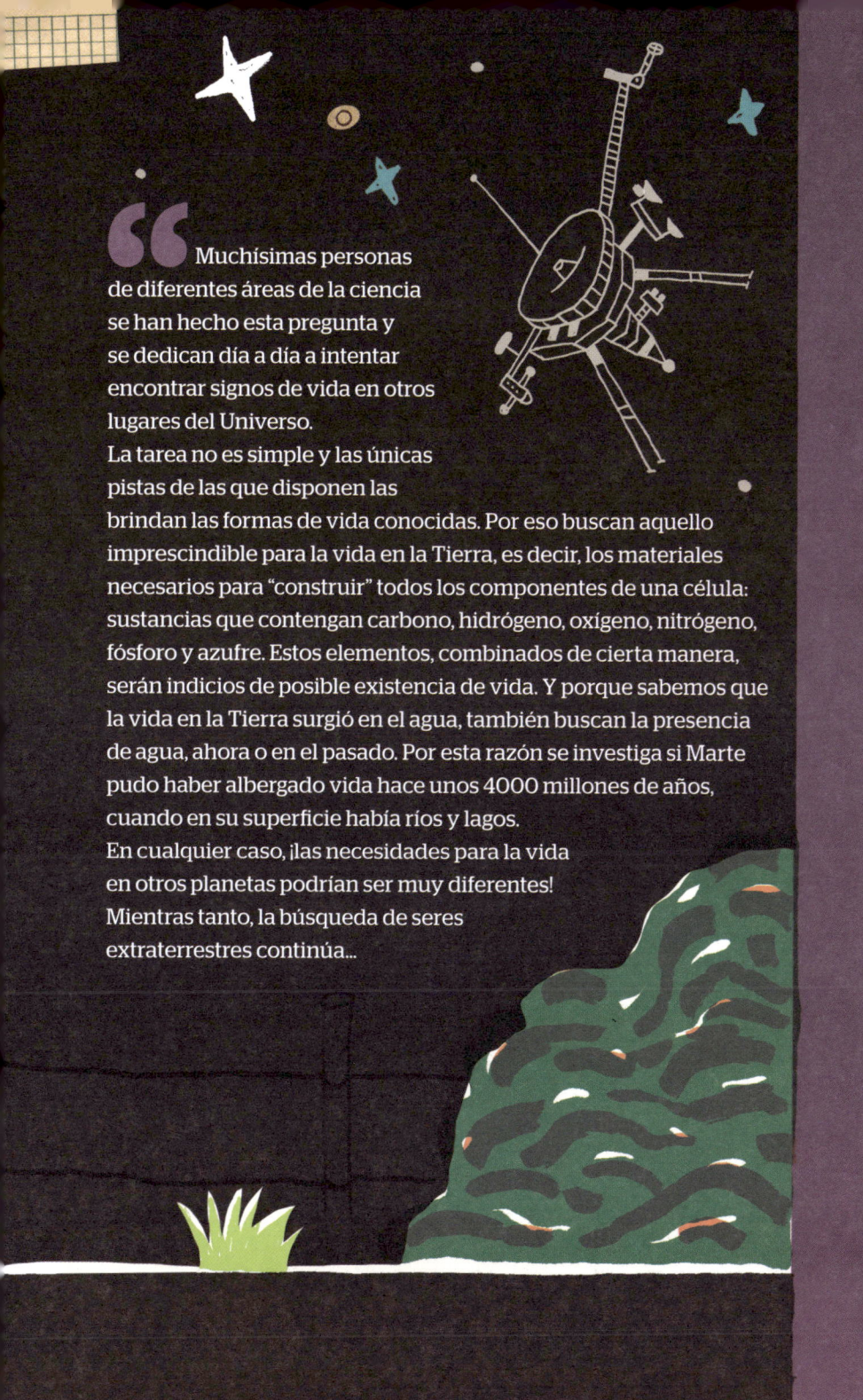

Muchísimas personas de diferentes áreas de la ciencia se han hecho esta pregunta y se dedican día a día a intentar encontrar signos de vida en otros lugares del Universo.

La tarea no es simple y las únicas pistas de las que disponen las brindan las formas de vida conocidas. Por eso buscan aquello imprescindible para la vida en la Tierra, es decir, los materiales necesarios para "construir" todos los componentes de una célula: sustancias que contengan carbono, hidrógeno, oxígeno, nitrógeno, fósforo y azufre. Estos elementos, combinados de cierta manera, serán indicios de posible existencia de vida. Y porque sabemos que la vida en la Tierra surgió en el agua, también buscan la presencia de agua, ahora o en el pasado. Por esta razón se investiga si Marte pudo haber albergado vida hace unos 4000 millones de años, cuando en su superficie había ríos y lagos.

En cualquier caso, ¡las necesidades para la vida en otros planetas podrían ser muy diferentes! Mientras tanto, la búsqueda de seres extraterrestres continúa...

¿Hay alguien ahí?

Voyager 1 y 2 son dos sondas que fueron enviadas al espacio en 1977 con el objetivo de estudiar los confines del Sistema Solar. Llevan consigo discos de oro con imágenes y sonidos de la Tierra con la esperanza de que, algún día, sean encontrados por civilizaciones extraterrestres.

Encélado, el sexto satélite más grande de Saturno, es otro sitio prometedor para la búsqueda de vida extraterrestre: debajo de su superficie hay un océano de agua líquida.

22:00

Llegamos a casa con hambre y con sueño. Hicimos una cena ligera. Al final, propuse hacer un brindis por nuestro hermoso día de campo.

Sofi levantó su copa y dijo: Brindo por los seres vivos que estuvieron, los que están y los que estarán. Tomi agregó solemnemente: Yo brindo por Ceci y porque hoy hice un gran descubrimiento...

¡Hay Biología hasta en la sopa!

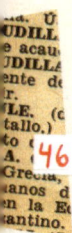

BIODIVERSIDAD

EXTINCIÓN...

SER VIVO

GLÓBULOS ROJOS

célula

omnívoro GRECER MORIR

ENVEJECER ENERGÍA

EVOLUCIÓN

CORAZÓN ADN

NUTRIENTES

OXÍGENO HAMBRE

CEREBRO

ENZIMAS fotosíntesis

CLOROFILA 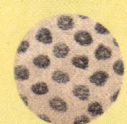 PLANTAS CARNÍVORAS

TEMPERATURA CORPORAL Genes

MUTACIONES NEURONAS

INFORMACIÓN GENÉTICA

HOMEOSTASIS

Propuestas para seguir indagando

→ Recorre muchos museos de ciencias de manera virtual

→ Encuentra modelos digitales de animales, plantas y otros organismos

→ ¿Quieres leer curiosidades e historias sorprendentes sobre seres vivos?

→ Descubre los maravillosos videos sobre microorganismos del fotógrafo Craig Smith

→ Recorre la "Enciclopedia de la vida" y su base de datos de la vida

→ ¿Quieres ver algunos seres vivos en escala?

¿Quiénes hicieron este libro?

Cecilia nació en Ferré, un pequeño pueblo de la provincia de Buenos Aires, en 1981. De pequeña le encantaba explorar la naturaleza, observar y recolectar insectos, hojas y ¡hasta huesos! Y soñaba con ser científica.
Es licenciada en Biotecnología y doctora en Ciencias Biológicas, profesora, divulgadora científica y cofundadora de **AcercaCiencia**. Le encanta escribir y contar historias de ciencia, y pasa largos ratos observando, a través del microscopio, unos seres vivos maravillosos conocidos como "protistas". Adora estar al aire libre y disfrutar de la naturaleza.

Valeria nació en Buenos Aires en 1982. De su paso por la escuela recuerda especialmente la exposición sobre el sistema circulatorio que hizo junto a su amiga Maia, que incluyó un corazón de vaca y un rap que empezaba así: "Cuatro cavidades tiene el corazón, está ubicado entre pulmón y pulmón.".
Es doctora en Ciencias Químicas, diplomada superior en Enseñanza de las Ciencias y ¡sigue estudiando! Es investigadora del CONICET, profesora y autora de muchos libros de divulgación científica. Es columnista y asesora en distintos medios de comunicación y cofundadora de **Científicas de Acá**. Vive con Tomi y Sofi, que todos los días le hacen preguntas como las de este libro.

Pablo nació en Buenos Aires en 1978. De pequeño le gustaba buscar bichos bolita y pescar mojarritas, y recuerda que lloraba cuando cantaba una canción sobre el extinguido pájaro dodo. También pasaba largos ratos dibujando, una pasión que mantiene hasta ahora que se dedica a la ilustración, la pintura, la escultura y el diseño gráfico. Ilustró muchos libros y algunos también los escribió. Ama los árboles y las plantas, los ríos y las montañas. Vive con Paula, Selva, Carmín, Preta, plantas de lo más variadas y otros muchos seres vivos.

¿Ya eres parte de la comunidad iamiquense?

📘 ediciones.iamique
🐦 @_iamique_
📷 ediciones.iamique

Este libro se imprimió en enero de 2022 en Grancharoff Impresores, un edificio emplazado en Tapalqué 5852 de la Ciudad Autónoma de Buenos Aires (Argentina). En él trabajan unas 12 personas, crecen algunas plantas que Camila riega con dedicación, se reproducen varios insectos que son la pesadilla del papel y habitan muchísimas bacterias que, como suele suceder, evaden todos los productos de limpieza.
impresores@grancharoff.com